DISCOURS

SUR

L'ETAT ACTUEL

Des Sciences et des Arts dans la République Française.

DISCOURS

SUR

L'ÉTAT ACTUEL

des Sciences et des Arts dans la
République Française

DISCOURS

SUR

L'ÉTAT ACTUEL

DES SCIENCES ET DES ARTS

DANS LA RÉPUBLIQUE FRANÇAISE.

Prononcé à l'ouverture du Lycée des arts le dimanche 7 Avril 1793, l'an second de la République. Par A. F. FOURCROY, et imprimé par ordre du Conseil-général.

CITOYENS,

La fête qui nous rassemble dans cette enceinte a pour but l'union fraternelle des sciences et des arts. Trop long-tems séparées par des préjugés barbares, ces deux filles du ciel données à l'homme pour l'accompagner

A

dans la carrière de la vie, pour adoucir ses maux et multiplier ses jouissances, vont enfin se rapprocher et former entre elles un lien durable. Cet heureux accord ne pouvait avoir pour époque que la conquête de la liberté. Divisés par le despotisme, soumis à des formes qui comprimaient de toutes parts les élans de l'imagination, les arts languissans essayaient en vain de briser les fers que l'esclavage leur préparait sous le voile trompeur de la protection. Si le génie impatient de produire des chefs-d'œuvre osait en montrer de tems-en-tems, accusé de témérité par le despotisme qui veillait autour de lui, il retombait bientôt sans force et sans vigueur. La poësie, la musique et l'éloquence ne célébraient que le mensonge et l'erreur; le marbre, la toile et le bronze prêtaient au vice les formes séduisantes de la vertu; tous les arts forcés de se prostituer aux caprices des despotes de tous les genres et de toutes les classes, servaient malgré eux à river les fers des peuples. Quels heureux changemens ne permet pas d'espérer la conquête de la liberté ! De quels efforts le génie ne sera-t-il pas capable sous le règne de la sainte égalité ? Comment se refuser à la douce espérance de voir de toutes parts fleurir les arts et les sciences, lorsque débarassés de tant d'obstacles qui en paralysaient les mouvemens, ils pourront marcher d'un pas égal et travailler en commun à perfectionner la raison humaine. Idée délicieuse pour des ames républicaines qui appellent de toutes parts les lumières et les connoissances utiles, qui n'exaltent toutes leurs facultés que pour avancer la raison et accélérer le bonheur des hommes ; ne seriez vous qu'une illusion trompeuse ? Le despotisme qui sous le prétexte de les protéger et en leur abandonnant quelque foible portion de l'immense tribut qu'il enlevait au peuple, commandait aux arts de l'entourer de tous leurs charmes pour masquer sa nudité hideuse, aurait-il plus fait pour perfectionner les talens et pour avancer la marche du génie que ne pourraient faire les sublimes élans de la liberté et de l'égalité. Des despotes chargeant la sculpture et la peinture de les représenter sous les emblêmes du soleil et des dieux de la fable, faisant servir tous les arts à retracer des villes saccagées, des peuples vaincus et enchaînés, accablant tous les monumens publics du poids de leur renommée et de leur orgueil, ruinant des villes pour orner scandaleusement les somptueux palais de leurs courtisanes, commandant des milliers d'édifices, de tableaux, de statues pour servir leur luxe, leur ambition, leur vanité, en consacrant à peine quelques-uns à la gloire des belles actions et des grands hommes, laissant écrouler les écoles publiques, les hôpitaux, les fontaines et tous les monumens utiles au peuple, tandis qu'ils élevaient à grands frais de vastes édifices utiles seulement à leurs favoris, détruisant les asiles du pauvre, de l'infirme, du malade, tandis qu'ils consacraient des temples aux vices et à l'immoralité; gâtant par-tout les institutions destinées aux sciences par un régime et des réglemens absurdes, fondant des académies pour faire répéter leur éloge à perpétuité, forçant les véritables savans d'y occuper des places au-dessous des favoris des cours et des déprédateurs de la fortune publique, appellant de toutes parts l'intrigue pour déplacer le savoir, cherchant en un mot à corrompre et à détruire la raison publique par le levier des sciences et des arts qui devaient la faire éclore et la porter aux conceptions sublimes ; voilà les hommes que la flatterie a proclamés les restaurateurs des lettres et des arts, les favoris des muses, les protecteurs des talens ; voilà les tems que l'on regrette et que l'on oppose à l'époque où nous sommes. Citoyens, il existe depuis trois ans un système de plaintes et de calomnies contre les progrès des sciences et des arts, qui nuit trop à la cause de la liberté et de l'égalité, pour qu'il ne devienne pas pressant d'en repousser les dangereuses atteintes. On nous peint comme des barbares qui détruisent les chefs-d'œuvres, qui veulent anéantir tous les talens ; à entendre les détracteurs de la révolution, nous perdons le goût, nous étouffons le génie, nous laissons les savans et les artistes dans le dénuement ; tout ce qui tient à la culture de l'esprit languit et dégénère ; les écoles se dépeuplent, les bibliothèques disparaissent ; la rouille des siècles d'ignorance semble couvrir tous nos établissemens d'instruction publique ; quatre ans d'agitation et de secousses révolutionnaires nous précipitent enfin par un mouvement accéléré vers les siècles de barbarie. En isolant ce que ces reproches exagérés ont de liaison avec la haine de la révolution Française, en oubliant tout ce qu'ils renferment de regrets pour le règne du pouvoir arbitraire et d'espérance pour son retour, on est vivement ému de l'adresse avec laquelle ces paradoxes sont présentés et du choix perfide des circonstances sur lesquelles ils sont fondés. Il est vrai que par les premiers effets de la juste fureur du peuple contre tout ce qui retrace l'existence des despotes, quelques chefs-d'œuvres ont disparu avec la tyrannie même, sous les premiers coups qui l'ont terrassée. L'enthousiasme ardent mais trop peu éclairé de quelques hommes, l'œil trop souvent distrait des autorités constituées a laissé périr plusieurs ouvrages d'artistes célèbres. Les dangers de la patrie ont détourné des savans, des artistes, des hommes-de-lettres de leurs occupations chéries, en les appellant à l'administration publique ou à la défense des droits du peuple; le bruit des armes qui retentit dans toute la république, semble effaroucher les muses; les écoles publiques ne sont point aussi fréquentées, parce que la jeunesse se porte en foule sur les frontières; mais n'exagérons pas ces maux passagers, ne prenons point la diminution du mouvement pour l'inertie totale ; au lieu de nous laisser décourager par un effet inséparable d'une grande révolution dont le mouvement s'accroit par les obstacles, enflammons nous d'une ardeur nouvelle ; concevons de grandes espérances ; n'accusons par surtout la liberté et l'égalité ; cherchons au contraire dans les bienfaits qu'elles nous offrent des remèdes qui puissent arrêter les progrès du mal ; examinons avec impartialité l'état actuel des arts, des sciences et des lettres ; osons traiter avec courage une question qu'on a trop vite cru décidée en faveur de la barbarie, et ne disons pas qu'au milieu des éclairs et des orages au sein desquels la liberté descend sur la terre, le flambeau du génie est éteint parce que sa lumière immortelle brille pendant quelque tems d'un éclat moins vif.

En considérant ce que les Français ont fait dans tous les genres, depuis l'année 1789, en embrassant d'un seul coup-d'œil, en rapprochant par la pensée tous les travaux auxquels ils se sont livrés, et le mouvement qu'ils ont imprimé à la raison, je ne sais si les quatre années de révolution, ne nous paraîtraient pas renfermer plusieurs siècles. Sans tracer ici les routes nouvelles qu'ils ont ouvertes pour l'aggrandissement de l'art social, bornons nous aux arts et aux sciences qui doivent faire l'objet de nos méditations.

Dira-t-on que l'agriculture a perdu par les effets de la révolution, tandis que des lois bienfaisantes ont arraché au luxe et à la molesse, des terreins qu'elles ont rendus aux végétaux utiles; permis aux cultivateurs de se défaire d'innombrables peuplades d'animaux destructeurs qui recueillaient le fruit le plus précieux de leurs travaux; fait sortir des possessions nouvelles du sein de l'eau qui les tenait englouties; laissé aux habitans des campagnes le droit naturel de diriger et de varier leurs cultures que le fisc avait jusque là dirigées ou resserrées suivant son intérêt; étendu tous les genres d'industrie et d'économie rurales; brisé toutes les entraves féodales qui ruinaient le laboureur infortuné?

L'imprimerie débarassée de l'inquisition ministérielle qui naguère la retenait captive n'a-t-elle pas multiplié par toute la république les foyers d'instruction et répandu sur tous les citoyens la lumière qui n'éclairait autrefois que quelques classes privilégiées. Vous qui l'accusez peut-être d'avoir abusé de ses droits en multipliant l'erreur involontaire, et quelquefois même le venin de la calomnie, oubliez-vous qu'avant cette époque elle n'était souvent que l'écho du mensonge et le ministre trop fidéle de l'imposture.

L'architecture, en perdant pour quelque tems l'occasion d'élever des demeures superbes où se cachent souvent avec le vice, le luxe et l'opulence, n'a-t-elle pas retrouvé dans les monumens destinés à la gloire des belles actions, et au souvenir des grandes époques de notre régénération, ainsi qu'à la mémoire des citoyens qui auront bien mérité de la patrie, de puissans aiguillons pour créer des chefs-d'œuvres? Un panthéon que la philosophie a consacré à la mémoire des Français illustres, une enceinte semblable au Prytanée d'Athènes, où les législateurs de la France travailleront au bonheur de la république en lui proposant de bonnes loix;

des obélisques, des pyramides, des canaux, des aquéducs, des ponts et des routes publiques offrent déjà au génie des architectes, des sujets dignes de l'exercer et d'élever partout en France des monumens durables, qui réuniront la grace de ceux d'Athènes à la solidité et à la grandeur de ceux de l'anciene Rome.

La Peinture, la Sculture, le Dessein et la Gravure ont-elles moins à espérer de nos institutions et de nos mœurs modernes ? Moins occupés à perpétuer dans le souvenir des hommes, des fables mensongères ou de pieuses fraudes, ces beaux arts s'attacheront plus aux productions de la nature, ou aux faits importans de l'histoire : déjà le pinceau et le burin s'occupent à l'envi de tracer à la postérité les travaux glorieux de notre révolution; déjà le mémorable serment du jeu de paulme et la mort glorieuse de Pelletier, ont exercé le génie de David; plusieurs ouvrages utiles présentent dans des gravures bien faites, les objets épars dans tous les points de la République, et donnent à des monumens ignorés, dégradés par le tems, cachés et comme ensevelis dans des édifices anciens, une utilité inconnue jusqu'à nos jours.

Nommera-t-on barbare un peuple qui rassemble dans un immense Musæum et destine à l'instruction publique, une foule de chefs-d'œuvres de peinture et de sculpture, produits par les plus grands maîtres de tous les tems et de tous les pays; qui, connaissant le prix de ces productions du génie, sait l'augmenter encore par le rapprochement et la réunion, et appelle ainsi le goût à les juger et le talent naissant à les imiter? Accusera-t-on de barbarie un tems et une nation, dans lesquels, au milieu des secousses de la plus inconcevable révolution, se forme une collection plus riche et plus précieuse que tout ce qu'ont pu recueillir, dans des siècles entiers de paix et de tranquillité, des peuples dont le sol est encore couvert des ouvrages des plus grands artistes de l'antiquité? Plaçons-nous un moment dans les tems futurs; parcourons avec nos neveux vers la fin du XIXe. siècle le Musæum national; lisons sur la porte cette inscription : *Monument élevé aux beaux arts, par la République Française, pendant la mémorable révolution de 1792.*

interrogeons nos enfans, demandons leur si les hommes du XVIIIe. siècle étaient des barbares; leur réponse est préparée cent ans avant leur naissance.

L'éloquence et la Poësie ont-elles perdu de leur force et de leurs graces chez les français républicains? N'ont-elles pas acquis au contraire une énergie nouvelle par les grands sujets qu'elles ont eu à traiter? Les tribunes publiques n'ont-elles pas ajouté un prix plus grand à l'art de la parole et développé des talens, qui, sans de si grands intérêts, seraient restés ignorés? Dira-t-on que l'éloquence est affaiblie chez un peuple qui depuis quatre ans a vu paroître dans les assemblées de ses législateurs, une suite non interrompue d'orateurs distingués et qui a ouvert au génie des routes qu'il n'avait pas encore osé parcourir? Les orateurs Grecs n'ont jamais brillé davantage que lorsque des dangers pressans menaçaient leurs républiques. C'était au moment où Philippe s'approchait d'Athènes que l'éloquence foudroyante de Démosthène enflammait le courage des patriotes Grecs, jamais de si puissans motifs ont-ils remué l'ame des français et donné de plus grands mouvemens au langage fait pour exprimer les sentimens qui les animent; Pourra-t-on croire que l'éloquence disparait du sein d'une nation où tout exige son secours, où tout rappelle sa puissance, et qui prépare aux pinceaux de l'histoire, les tableaux les plus étonnans, les actions les plus éclatantes, les évènemens les plus extraordinaires? Assurons plutôt que jamais les plus mémorables catastrophes que les torrens des siècles ont entassées, n'ont présenté au talent de l'orateur des images plus brillantes, ces pensées plus élevées et plus fortes, des sujets plus grands, et surtout des motifs plus variés et des scènes plus différentes. Quoi! des hommes éloquens manqueraient à une nation éclairée et puissante, lorsqu'il faut soutenir et proclamer les droits des hommes, défendre la cause des opprimés, relever le courage des faibles, démasquer les traîtres conjurer les orages des factions, briser le sceptre de la tyrannie, éteindre au dedans le flambeau de la discorde, étouffer le monstre du fanatisme, repousser au dehors les phalanges mercenaires des despotes, détruire tous les partis, rallier tous les citoyens autour de l'arbre naissant de la liberté, et faire sentir à tous les charmes et les douceurs de la sainte égalité; Langage des Dieux! Sublime Poësie! c'est à vous à produire ces effets heureux; vos accens ont déjà servi, et célébré notre révolution; continuez votre ouvrage et remontez ainsi à votre antique origine.

Dira-t-on que la Musique a vu ses progrès s'arrêter par la révolution française? qu'elle n'a plus de soutiens et d'appuis, parce que ceux qui la cultivaient ne peuvent plus continuer de satisfaire leurs goûts et qu'il est à craindre qu'elle ne soit menacée d'une décadence prochaine? Si la malveillance pouvait quelque chose sur le génie, la musique comme tous les beaux arts aurait de grands dangers à courir; mais les nombreux ouvrages qui se succèdent depuis quatre ans, les occasions multipliées de les répandre dans les nouveaux théâtres, qui semblent être sortis de la terre à la voix de la liberté, répondent suffisamment à ce reproche. La révolution ne semble-t-elle pas au contraire retracer à nos yeux les grands effets produits chez les Grecs par l'influence des sons et des chants? Rappelons à nos détracteurs le saint enthousiasme que la musique a excité chez tous les citoyens, dans les fêtes nationales qui se sont succédées depuis 1790. Rappelons-leur encore la joie peinte dans tous les yeux et la chaleur portée dans toutes les ames par les chants civiques, qui de l'enceinte de nos villes se propagent dans les campagnes et suivent nos défenseurs jusque dans les combats qu'ils livrent à nos ennemis et dans les victoires qu'ils remportent.

Les Sciences moins accessibles jusqu'ici que les beaux arts, moins répandues dans la société et concentrées en quelque sorte parmi quelques hommes, sont l'objet des regrets les plus vifs et des reproches les plus graves. On se plaint qu'elles sont abandonnées, que leurs découvertes sont arrêtées; on va même jusqu'à dire qu'elles ne sont plus cultivées; il semblerait qu'elles ont perdu leurs charmes et qu'elles ont renoncé à être utiles; on en juge par une circonstance qui ne conduit que trop souvent les esprits ordinaires. On ne voit plus, dit-on, le même nombre d'amateurs qu'autre-fois dans les écoles tenues par les savans, dans les lycées, dans les laboratoires et les cabinets des physiciens et des chimistes, convenons qu'on n'y rencontre plus la foule de ces hommes oisifs, qui par désœuvrement ou par ton suivaient les cours des professeurs à la mode, et qui sans vouloir y prendre une véritable instruction, venaient souvent y puiser quelques connaissances superficielles et y apprendre à bégayer le langage des sciences. Il est vrai que les artistes vendent beaucoup moins, aujourd'hui, de machines de luxe; on n'entasse plus, comme autrefois, sans goût et sans méthode, des collections de minéraux et d'animaux plus semblables à des magasins de riches qu'à des musées d'hommes studieux. Mais doit-on en conclure que les branches utiles de la physique sont délaissées en France depuis la révolution; que les travaux des véritables savans ont été interrompus et même suspendus ? N'a-t-on fait ni découvertes avantageuses, ni recherches suivies en astronomie, en histoire naturelle, en minéralogie, en chimie, en physique ? les sciences exactes ont-elles perdu leur lustre, et sont-elles vraiment dans l'assoupissement, comme on ne cesse de le répéter ? Écartons de nous de si funestes présages; prouvons par des faits que la révolution n'est pas pable d'un pareil désastre, et que l'œuvre de la philosophie, loin de tarir les sources les plus pures du bonheur public, qui découlent de l'instruction, les a plutôt multipliées en y faisant puiser un plus grand nombre de citoyens. Quoi ! les sciences sont abandonnées ! et qu'ont donc fait les infatigables commissions de l'académie et des assemblées nationales, qui depuis 18 mois travaillent à fixer et à rendre uniformes les poids, les mesures et les monnaies, en cherchant leur type dans des tems et des espaces donnés par la nature, et en assurant les résultats par tous les moyens que fournissent l'expérience et le calcul ? Les sciences périssent ! compte-t-on donc pour rien ces masses de lumières, de découvertes et de recherches aussi neuves qu'utiles, répandues dans plus de 50 journaux consacrés aux sciences, qui paraissent dans toutes les parties de la République Française, depuis que le règne de la liberté n'a plus permis que le génie fût comprimé par les privilèges ? On ne fait rien dans les sciences ! et qu'est-ce donc que cette immense collection encyclopédique, qui riche de toutes les connaissances humaines, renfermant le produit des veilles de près de 200 savans ou hommes de lettres, dont l'étonnante entreprise n'a pas été interrompue un seul instant et qui a fourni plus de 30 vol. in-4°., depuis 4 ans, tandis que dans les tems les plus calmes il a fallu plus de 20 ans pour completter la première édition de l'encyclopédie ? On ne cultive plus les sciences, dites-vous ! et peut on vous croire, quand aux établissemens anciens qui leur étaient consacrés, et dont aucun n'a été détruit par les loix nouvelles, on voit se joindre chaque jour de nouvelles associations libres, toutes destinées à en reculer promptement les limites, parce que c'est un zèle pur et un véritable goût qui réunit de toutes parts les hommes qui connaissent le prix et le charme de leur culture? Là, des jeunes gens conduits par le désir de s'instruire forment une société philomatique dont le but est de recueillir et de répandre par une correspondance active les découvertes des sciences à mesure qu'elles paraissent, et de répéter les expériences douteuses, à la même époque à-peu-près il s'établit à Paris une société libre d'histoire naturelle, qui réunit bientôt tous les hommes éclairés dans cette belle science, ou versés dans quelques unes de ses parties, qui entreprend de connaître et de décrire les productions naturelles du département de Paris et des départemens voisins; qui s'associe des artistes distingués dans la peinture et la gravure, qui publie des mémoires à ses frais, et qui, non contente d'avancer la science par ses propres découvertes, entreprend d'en répandre le goût et l'étude en ouvrant des cours sur toutes les branches de l'histoire de la nature. C'est pour aggrandir le domaine des sciences que deux vaisseaux envoyés d'après le vœu de la société d'histoire naturelle pour trouver quelques traces de l'infortuné la Peyrouse et de se malheureux compagnons, transportent dans la mer du sud des jeunes français pleins de savoir et d'ardeur qui rapporteront de riches moissons, et qui paieront ainsi d'une manière si utile leur premier tribut à la république. Les sciences languissent-elles donc en France, quand il paraît tous les ans des ouvrages élémentaires ou des traités profonds sur chacune d'elles! quand des bibliothèques couvertes pendant des siècles de la poussière des cloîtres, vont être rassemblées, ordonnées et incessamment ouvertes de toute parts! quand les collections d'histoire naturelle, les cabinets de physique, les laboratoires de chimie vont offrir dans tous les départemens, à toutes les classes de citoyens des moyens de s'instruire aussi multipliés qu'ils étaient rares autresfois! quand on propose provisoirement dans plusieurs directoires de départemens des concours pour y réunir des professeurs de tous les genres! quand enfin dans le comité d'instruction de la convention nationale on élève sur des bases solides le plus beau plan d'instruction publique et le plus vaste ensemble de connaissances que le génie humain ait jamais pû concevoir et embrasser! Tirons de ces faits réunis un résultat opposé aux bruits vulgaires, et arrêtons ainsi les dangereuses influences que ces bruits peuvent avoir sur ceux qui croyent tout sans examen. Les sciences qui ont tant illustré les français n'ont pas souffert les pertes, ni éprouvé l'abandon que la malveillance, l'envie ou la crainte, exagèrent avec tant de complaisance et de méchanceté; la france conserve encore la supériorité qu'aucune autre nation ne lui a refusée jusqu'ici, et depuis même leur glorieuse révolution, les savans français ont plus reculé les bornes de l'esprit humain que ne l'ont fait les peuples qui avoisinent la république. Disons enfin aux détracteurs : « votre faux zèle ne nous en impose pas; vos regrets apparens n'ont rien qui nous décourage ; rien n'arrêtera en france les progrès de la raison et du génie, et ce n'est pas lorsque la liberté porte par-tout le flambeau de la vérité qu'on peut redouter les ténèbres de l'ignorance et de l'erreur. »

Les arts méchaniques et chimiques liés aux sciences par la pratique et la théorie, et qui en suivant constamment leurs progrès avancent rapidement vers la perfection, sont peut-être de toutes les occupations humaines celles dont la révolution française a le plus favorisé les succès. On sait assez l'activité qu'ont prise depuis trois ans les manufactures de tous les genres. La destruction des priviléges et des maîtrises, le besoin d'un grand nombre de matériaux pour la défense de la patrie, la nécessité de placer des fonds d'une manière aussi sure que productive, celle de substituer aux signes honteux de l'esclavage et de la féodalité les emblêmes sacrés de la liberté et de l'égalité, tout enfin, jusqu'à la malveillance de nos ennemis et leurs craintes perfides sur le numéraire national, a tourné jusqu'ici à l'avantage du plus grand nombre des arts et à celui des hommes estimables qui les pratiquent. Une foule de manufactures nouvelles se sont élevées depuis quelques années aux environs de Paris et dans les départemens voisins; elles ont pour objet sur-tout les acides minéraux, les sels les plus utiles dans les arts, le blanchiment des toiles par le procédé de Berthollet, la préparation des suifs et du blanc de baleine, celle des huiles, la décomposition du sel marin pour en retirer la soude, le décreusage de la soie, le traitement des os et des chairs des animaux, les divers apprêts des peaux et des poils, la filature du coton et de la laine, ect.

Combien de bras n'exige pas la fabrication des assignats qui seule a créé plusieurs arts nouveaux aussi ingénieux que difficiles à imiter sans de grands moyens et de grands talens! Voyez de toutes parts ces usines ardentes où le fer arraché au faste est forgé pour armer les mains de nos guerriers, où l'airain, au lieu de retentir vainement dans les airs ou d'insulter à la majesté du peuple en lui montrant l'effigie des tyrans, perd bientôt ces formes inutiles ou hideuses et se convertit, là en instrumens de mort pour l'ennemi, ici en un numéraire multiplié qui favorise les échanges dans l'intérieur. Parcourez ces vastes bâtimens dévoués naguères au silence et à la pieuse oisiveté de quelques cénobites; que de mouvement, que de vie, que d'agitation sous ces portiques convertis en atteliers utiles! La France connaissait-elle autrefois une pareille activité? le plus grand nombre des arts qui occupent maintenant une foule de ses habitans n'était-il pas dans un état de langueur? Jettez les yeux sur les défrichemens, sur les dessèchemens entrepris depuis trois années dans plusieurs départemens; sur les canaux qu'on finit en ce moment et sur ceux que l'on commence; sur les carrières nouvelles que l'on exploite; sur les bâtimens que l'on élève de toutes parts; sur les travaux publics de tous les genres; comparez cette grande énergie au peu de mouvement qui existait autrefois; et voyez si les arts utiles ont réellement perdu de leurs avantages et de leurs produits. Ajoutez encore à ces premières considérations l'ardeur et le zèle des artistes qui depuis trois ans se sont réunis en sociétés libres pour concourir en commun aux progrès et à l'encouragement des arts. La commune des arts, le point central, la société des inventions et découvertes veillent sans cesse aux intérêts des artistes, et le local où elles s'assemblent, autrefois voué à la vanité des titres est aujourd'hui rendu à l'utilité publique. Un bureau de consultation créé par une loi bienfaisante et dont aucune nation n'avait encor offert l'exemple, décerne aux inventeurs des récompenses dont la valeur et le prix sont doublés par le jugement de leur pairs. Les arts concourent en ce moment même au but touchant de procurer à nos frères malades dans les armées ou blessés dans les combats, tous les moyens possibles d'adoucir leurs douleurs et de diminuer leurs maux.

Citoyens, ne souffrons pas qu'un cri calomnieux s'élève au milieu du concert de nos voix. La fête des arts ne doit point être troublé par de vaines plaintes ou de stériles regrets; c'est par une sainte coalition entre tous ceux qui les cultivent, c'est par des efforts constans et soutenus que nous étoufferons toutes ces clameurs. Le génie de la liberté ne se séparera pas du génie des sciences et des arts; jamais la barbarie des siècles qui ne sont plus, ne souillera le sol que la liberté a choisi pour son domaine. Non! le feu sacré dont nos pères nous ont confié le dépôt ne périra pas entre nos mains; que cette enceinte devienne un temple élevé au génie des sciences et des arts! que nos vœux ardens pour leur prospérité y perpétue le culte de cette divinité des ames pures et que l'amour de la patrie s'y confonde pour toujours avec le désir de perfectionner la raison humaine et d'augmenter la gloire de la nation en multipliant ses véritables richesses.

COMMUNE

DE

PARIS.

Extrait du Registre des délibérations du Conseil-Général.

Du 16 Avril 1793, L'an deuxième de la République Française.

UNE députation des administrateurs du Lycée des Arts se présente au Conseil-Général.

Le citoyen Desaudray, directeur de cet établissement, prononce un discours dans lequel après avoir témoigné toute la reconnaissance qu'éprouvent les citoyens administrateurs du Lycée, pour l'appui que leur a donné le Conseil-Général, il fait mention de l'arrêté qu'ils ont pris, portant qu'il sera réservé, dans l'enceinte de leur établissement, 400 places destinées à autant d'éducations publiques et gratuites, dont vingt seront à la nomination du Corps-Municipal.

Il offre ensuite au Conseil-Général 150 billets d'entrée pour la séance du Lycée de Jeudi prochain, à l'effet d'assister au cours de Physique végétale professé par Fourcroy.

Le Conseil-Général arrête que cet arrêté du directoire du Lycée des Arts, sera imprimé aux frais de la Commune à la suite du discours de Fourcroy.

Signé, DESTOURNELLES,

Vice-Président

COULOMBEAU, *Secrétaire-Greffier.*

Pour extrait conforme,

DORAT-CUBIÈRES, *Secrétaire-Greffier Adjoint.*

ARRÊTÉ DE L'ADMINISTRATION

DU

LYCÉE DES ARTS,

Pour la fondation de 400 places d'éducation gratuite.

Du 14 Avril 1793, l'an deuxième de la République Française.

LE but constant et principal des administrateurs du Lycée des Arts étant *l'utilité générale*, jaloux de prouver leur reconnaissance pour l'accueil favorable que leur établissement a reçu du public ainsi que des autorités constituées, ils ont arrêté, qu'attendu la grandeur de leur local, étant à même de distraire de l'emplacement destiné aux abonnés, sans nuire à leur jouissance, la quantité de 400 places dont il leur est possible de faire l'hommage à la classe peu fortunée des artistes, en conséquence, à dater de ce jour, ils affectent irrévocablement et consacrent à la nation les susdites quatre cents places, lesquelles en alternant à raison de neuf cours différens par chaque artiste, formeront au total le nombre de quatre cents éducations gratuites pour chaque année, et afin que lesdites places soient distribuées de la manière la plus impartiale et la plus éclairée,

Il est arrêté :

1°. Que desdites quatre cents places, trois seront mises à la disposition de chacune des sections de Paris, cinq à la disposition de chacune des sociétés qui ont nommé des commissaires pour venir concourir à l'établissement du Lycée ; vingt à la nomination du Corps-Municipal, et le surplus, faisant environ le nombre de cent, au choix des professeurs et membres libres du directoire du Lycée des Arts ;

2°. Il est arrêté, deplus, que la présente délibération sera présentée par les administrateurs, à la Convention Nationale, au Département et au Conseil-Général de la Commune, en y joignant les témoignages de leur reconnaissance pour la part qu'ils ont prise à l'installation du Lycée des Arts.

Arrêté au directoire du Lycée des Arts, le 14 d'Avril 1793, l'an deuxième de la République Française.

Signé CHARLES - DESAUDRAY, GERVAIS et JONAIN, administrateurs.

Pour copie conforme à la minute.

METTOT,

Secrétaire-Greffier Adjoint.

De l'Imprimerie de C.-F. PATRIS, Imprimeur de la Commune, rue du fauxbourg Saint-Jacques, maison des ci-devant dames Sainte-Marie.

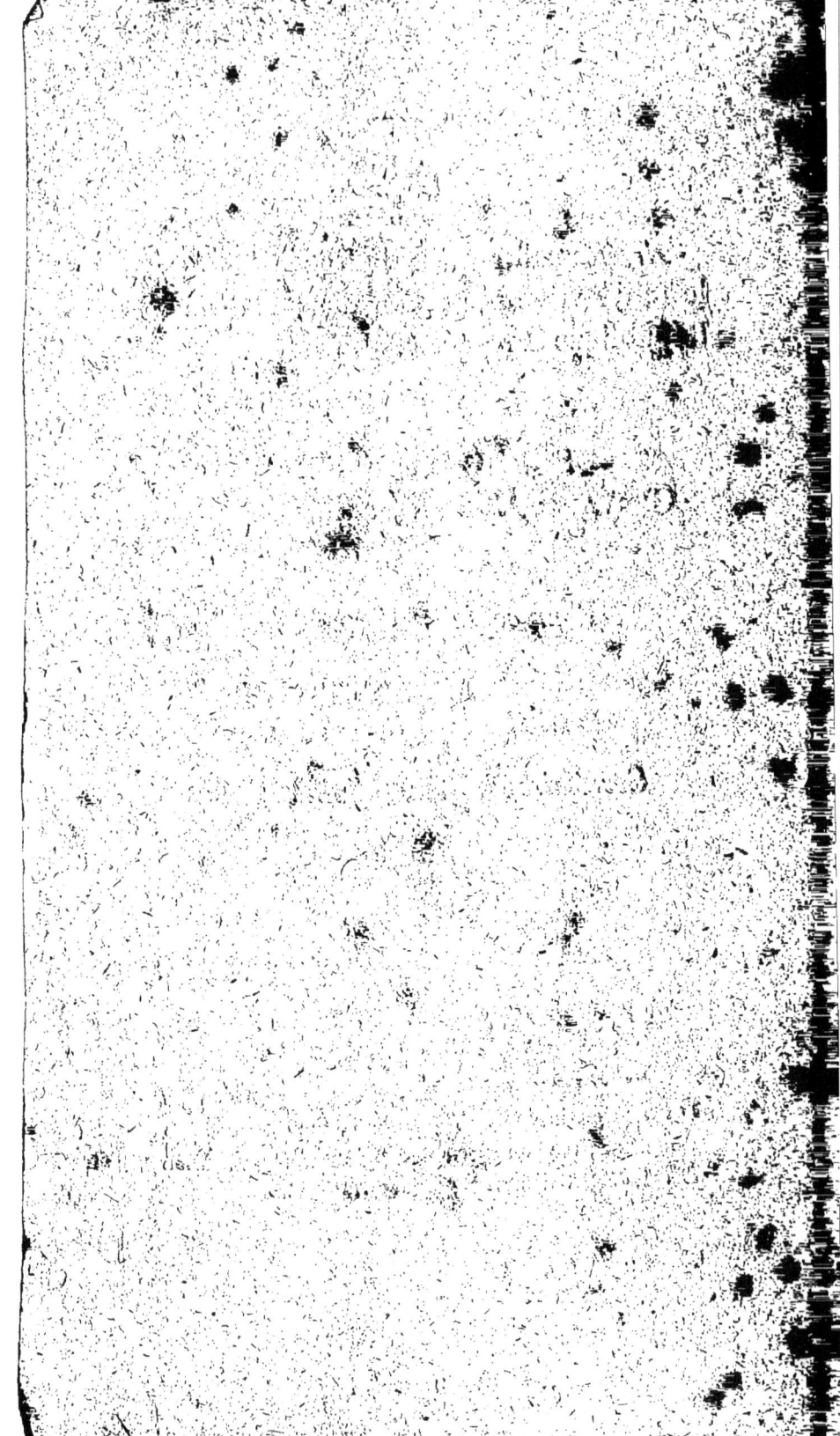

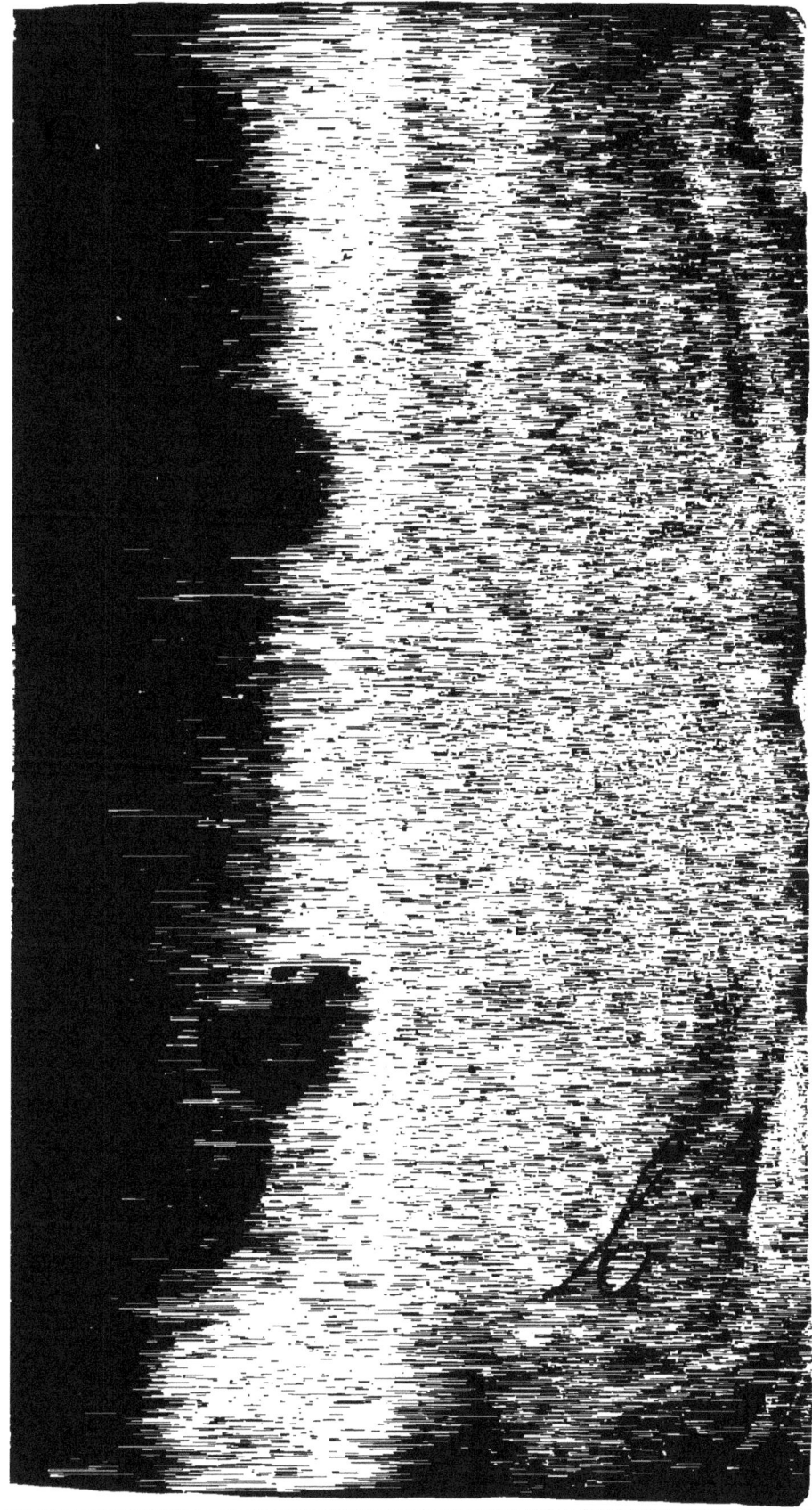

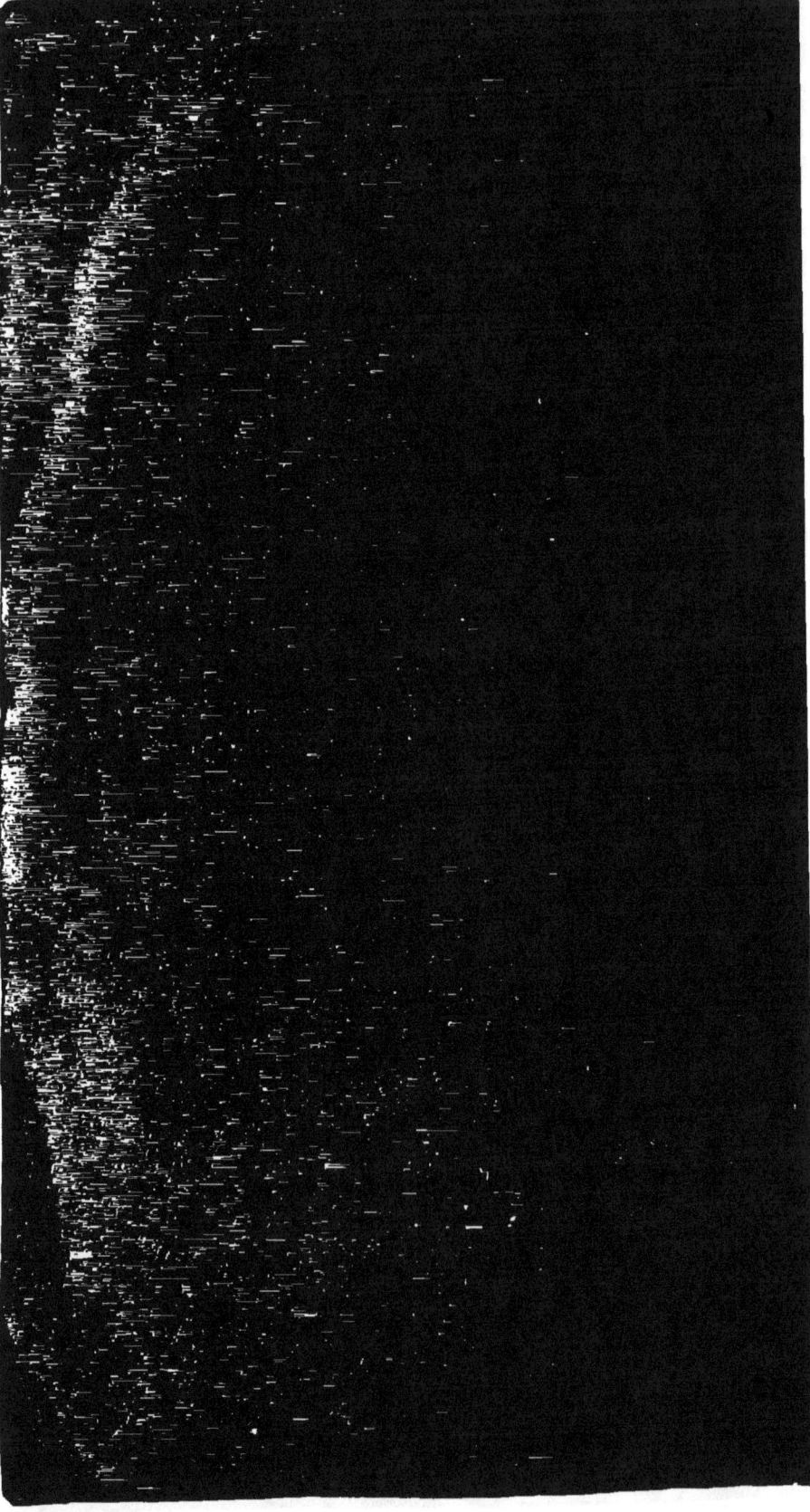

www.ingramcontent.com/pod-product-compliance
Lightning Source LLC
Chambersburg PA
CBHW061007050426
42453CB00009B/1304